A Marta y Fernando por su apoyo y ayuda

Esencial a la justicia es hacerla sin diferirla. Hacerla esperar es injusticia. (Jean De La Bruyère)

ÍNDICE

AGILIZACIÓN EN LOS JUZGADOS PENALES: LAS COMPARECENCIAS DE CONFORMIDAD Y MEDIDAS EN LA EJECUCIÓN

I. <u>Necesidad de una mayor agilización en la justicia penal</u>

Uno de los principales problemas de la justicia penal española es la lentitud. Ello ha ocasionado que el legislador hay realizado distintas reformas procesales con el fin de solucionarlo. Para ello se han introducido procedimientos abreviados, ágiles y acelerados que permitan el enjuiciamiento más rápido de los delitos de menor gravedad, el principio de oportunidad, la transacción o la mediación o, incluso, la despenalización de determinadas infracciones criminales (antes faltas).

El tema de la lentitud del proceso se conecta con la eficacia del mismo, de forma que no será eficaz si se tarda demasiado en solucionar el conflicto. Por ello, es necesario introducir medidas que agilicen el proceso con la base del derecho constitucional a un proceso sin dilaciones indebidas previsto en el art 24 CE[1]. Así , el Tribunal Constitucional en sentencia 24/1981, de 14 de julio, señala que el derecho a la jurisdicción *"no puede entenderse como algo desligado del tiempo en que debe prestarse por los órganos del Poder Judicial, sino que ha de ser comprendido en el sentido de que se otorgue por éstos dentro de los razonables términos temporales en que las personas lo reclaman en el ejercicio de sus derechos e intereses legítimos"*.

Sin embargo, el legislador ha confundido rapidez con eficacia. La eficacia ha de suponer la eliminación de trámites innecesarios, el acortamiento de plazos o la eficacia en el trabajo de las oficinas judiciales, base fundamental para que se produzca una real agilización, pues las normas y procedimientos han de ser llevados a cabo. No sirve de nada establecer juicios rápidos, si no hay medios humanos y materiales, así como procedimientos ágiles para llevarlos a cabo. Pero siempre salvaguardando los derechos de los justiciables, como indica el TC *"la Constitución no impone un principio de celeridad y urgencia en las actuaciones judiciales, al precio de ignorar los derechos de las partes. Por el contrario pretende asegurar en este punto un equilibrio entre la duración temporal del proceso y las garantías de las partes, pues tan perjudicial es que un proceso experimente retrasos*

---

[1] Convenio Europeo para la Protección de los Derechos Humanos y de las Libertades Fundamentales (en adelante, CEDH), hecho en Roma, el 4 de noviembre de 1950 (artículo 6.1) o el Pacto Internacional de Derechos Civiles y Políticos de Nueva York (en adelante, PIDCP), de 16 de diciembre de 1966 (artículos 9.3 y 14.3).

injustificados como que se desarrolle precipitadamente con menoscabo de las garantías individuales. Por ello, el derecho del justiciable a un proceso sin dilaciones indebidas supone correlativamente para los órganos judiciales, no la sumisión al principio de celeridad, sino la exigencia de practicar los trámites del proceso en el más breve tiempo posible en atención a todas las circunstancias del caso que ciertamente pueden ser muy variadas." (STC 32/1999, de 8 de marzo).

Igualmente, establece la Carta de Derechos de los Ciudadanos ante la Justicia[2] que *"el ciudadano tiene derecho a una tramitación ágil de los asuntos que le afecten, que deberán resolverse dentro del plazo legal, y a conocer, en su caso, el motivo concreto del retraso"*.

El principal mecanismo que se utiliza para acortar los plazos en la fase de instrucción es el acortamiento de plazos. Tanto en nuestro país como en otros ordenamientos jurídicos se han buscado otros mecanismos, entre ellos, la despenalización de conductas, de forma que concretas infracciones serán consideradas como ilícitos civiles o administrativos. Con ello se consigue descargar de trabajo a los órganos jurisdiccionales.

Se trata, de conformidad con el principio de intervención mínima del derecho penal, tener la vía penal para las infracciones más graves del ordenamiento jurídico. También se utilizan otros recursos

---

[2] Pleno del Congreso de los Diputados, proposición no de ley aprobada por unanimidad de todos los grupos parlamentarios, el 16 de abril de 2002.

como la conformidad con beneficios como la reducción de la pena, de forma que el acusado aceptando la pena propuesta, renuncia a la celebración del juicio oral. Se ha planteado para disminuir la congestión de la justicia penal la introducción de mecanismos como la mediación para paliar la situación de congestión de la justicia penal, encontrando algunos ejemplos en el derecho comparado, y en nuestra jurisdicción de menores[3].

A continuación, se van a exponer una serie de instrumentos como potenciales medidas a introducir en nuestro proceso penal, en fase de enjuiciamiento y ejecución, para la agilización y celeridad de la justicia penal.

II.   Actuaciones en fase de enjuiciamiento y resolución

1.Introducción de las comparecencias preliminares y puesta en practica[4]

---

[3] MELERO BOSH L.V., La agilización del proceso penal y las garantías de defensa del imputado en la instrucción de los juicios rápidos, p.84 "En definitiva, la incapacidad de la administración de justicia para la resolución de los conflictos jurídico-penales hace que se busquen alternativas fuera del proceso, recurriendo para ello, cada vez en mayor medida, a la instauración del principio de oportunidad, a procedimientos como la transacción penal o a la mediación, introduciendo todas estas alternativas elementos consensuales en la evitación o finalización anticipada del proceso".

[4] Documentos que se adjuntan :1.- Modelo de auto de comparecencia preliminar y en su caso primera sesión de juicio oral ; 2.- Diligencia de constancia y ordenación documentando la comparecencia preliminar; 3.-Diligencia de señalamiento. 4.- Auto

En este punto se analiza la necesidad de instaurar como medida agilizadora las comparecencias preliminares con el fin de poder evaluar una posible conformidad[5], admisión/inadmisión de pruebas propuestas y, en su caso, cuestiones previas y artículos de previo pronunciamiento. Para ello se propone instaurar un sistema de comparecencias previas y en su caso, se realizará al inicio de la primera sesión de juicio oral. En estas comparecencias se buscan los siguientes objetivos:

1.   Evitar conformidades con todos los testigos y peritos presentes en la Sede Judicial, dado que si una vez que han sido citados todos los testigos y peritos se produce una conformidad previa al juicio es disfuncional, ya que se desaprovechan recursos y muchas horas de trabajo del Juzgado (con citaciones y requerimientos innecesarios) y produce molestias y perjuicios considerables a los ciudadanos, que comparecen (viajes, permisos de trabajo…) para posteriormente no intervenir en juicio.

---

de admisión de pruebas dictado in *voce,* y en su caso, de así haberse acordado, el resultado de la primera sesión de juicio oral y señalamiento de segunda sesión de juicio oral; 5.- Minuta Magistrado dirigida a Oficina Judicial para toma de conocimiento y documentación de primeras sesiones de juicio oral.
[5] GIMENO BEVIÁ, valora positivamente y como paso previo a estas audiencias preliminares de conformidad, que en la fase de instrucción se utilicen de manera más extensa e intensiva los procedimientos monitorios ante el Fiscal introducidos en los arts. 803 bis y ss. de la LECrim por el art único 9 de la Ley 41/2015 de 5 de octubre, pp.116-118.

2.   En los asuntos de especial complejidad (con numerosos testigos y peritos a citar), si no se alcanza conformidad, se ha de iniciar la primera sesión de juicio oral y si no prospera ninguna cuestión previa que ponga fin al proceso, en la segunda sesión ya se realiza la citación de testigos y peritos , puesto que ya se celebrará el juicio con altas probabilidades y no será infructuoso el trabajo de citación. Con ello, se optimiza el trabajo de los gestores y tramitadores encargados de los procedimientos abreviados dada la elevadísima carga de trabajo que conllevan las citaciones a juicio no sólo para el órgano judicial que las acuerda, sino para otros órganos judiciales o servicios comunes de notificaciones que auxilian y colaboran en el trámite.

Aunque en principio pudiera parecer que los procedimientos más idóneos para señalar primera sesión de juicio oral pudieran ser aquellos que previsiblemente pudieran terminar en conformidad (seguridad vial, abandono de familia, patrimoniales…), sin embargo, se ha demostrado que es más efectivo en juicios de especial complejidad técnica o de dificultad de preparación y de previsible larga duración. En este tipo de juicios en esta comparecencia preliminar y en su caso inicio de juicio oral se deja evaluada la posible conformidad, si hubiere cuestiones previas y en su caso y sobre todo se puede determinar a presencia de los Letrados y con contradicción la necesidad y pertinencia de los medios de prueba propuestos, consiguiendo con ello evitar la citación de testigos y peritos innecesarios, evitar la reiteración de admisión de pruebas denegadas con la previsible suspensión del juicio si se admitiese la prueba denegada, y por último se reduce la petición de prueba en segunda instancia en apelaciones.

Además si no se realizara esta primera comparecencia o inicio de sesión de juicio (sin citación de testigos y peritos) y directamente se citara a juicio, lo más probable es que en la agenda de señalamientos uno sólo complejo llene la agenda de una sesión. Si después llegado el momento, se realiza una conformidad o existe alguna admisión de artículo de previo pronunciamiento que impida proseguir el juicio, se habría perdido de manera innecesaria una sesión entera , en la que podrían haberse citado otros señalamientos. Además de que no se optimizan los recursos personales, asistencia de Ministerio Fiscal, auxilio judicial y del propio magistrado, que si solo tienen un señalamiento y se cierra en tiempo menor del previsto , supondría "perder" dicha sesión.

3.   En la comparecencia se llevará a cabo el análisis sobre la pertinencia y necesidad de la prueba propuesta en los escritos de conclusiones provisionales o la prueba anticipada, al poder solicitar el Juez a las partes aclaraciones o ampliaciones sobre los medios de prueba instados, o en su caso, proponer a las partes, previa audiencia de la parte peticionaria, medios de prueba alternativos si el propuesto no puede practicarse por causas sobrevenidas no imputables a la parte proponente. Con ello se consigue, de una parte, optimizar al máximo el trabajo del Juzgado con la preparación de medios de prueba posibles

y necesarios, y, de otra parte, la plena integración del derecho a la tutela judicial efectiva de las partes al poder interaccionar procesalmente con el Juez para evaluar la pertinencia de los medios de prueba propuestos. Evitando igualmente posteriores recursos innecesarios y que ralentizan el proceso.

4.   En esta comparecencia (sin la presencia de testigos o peritos) se podrán analizar y resolver otros aspectos que puedan poner fin al mismo de forma sobrevenida (prescripción, cosa juzgada, cuestión de competencia...).

5.   Se evitan suspensiones al coordinarse con los Letrados el señalamiento de la segunda sesión de juicio oral en días y horas que no tengan señalamientos previamente fijados por otros órganos judiciales.

6.   Se disminuye igualmente la carga de trabajo de los gestores y tramitadores, por cuanto en esta sesión de juicio oral se puede exhortar a los Letrados proponentes de testigos y peritos, que por ser de parte, pueden hacerlos comparecer, evitando con ello la tramitación de exhortos, requerimientos de citación policial, o citaciones por correo. O incluso, en caso de que la propia oficina judicial haya constatado algún error o deficiencia en la identificación del testigo o perito a citar, pueda solicitarse a los letrados la subsanación. Igualmente en caso de que se solicite dicha prueba por sistema de videoconferencia u otro medio telemático, se concretará el medio y la posibilidad o no de realizarla.

7.   En relación con otro tipo de pruebas solicitadas por las partes (documentales, oficios a entidades públicas o privadas, visionado de videos , escucha de audios…) en esta comparecencia podrá concretarse la forma más idónea de su realización o si las partes deben traer a la vista algún medio técnico extra (ordenador, Tablet…).

8.   Finalmente, estas comparecencias preliminares no suponen una sobrecarga de trabajo al Juzgado, pues se acaban cursando las mismas citaciones que en un señalamiento normal, el o los acusados quedan citados para continuación en el mismo acto, y si finaliza el juicio por conformidad en esta comparecencia preliminar y posterior inicio de juicio, el acusado queda notificado de la sentencia y requerido de cumplimiento de los pronunciamientos del fallo o se gestionan en ese mismo acto alternativas al cumplimiento de penas privativas de libertad en centro penitenciario, lo cual facilita la posterior declaración de firmeza de la sentencia y la ejecución de los pronunciamientos.

2. Sentencia, notificaciones y requisitorias[6].

---

[6] Documentos que se adjuntan: 6.- Minuta magistrado para notificaciones sentencia in voce. 7.- Minuta magistrado notificaciones sentencias posteriores juicio (Modelo de citación de acusado para notificación sentencia; modelo de citación de perjudicado para notificación sentencia; 8.- Protocolo relativo a criterios generales para la averiguación de domicilios, buscas y requisitorias de acusados y testigos.

Una vez realizada la vista es preciso la agilización del dictado de la Sentencia y posterior notificación a las partes. Ello supone no sólo un trabajo del magistrado/a sino también de la oficina judicial. Para ello será preciso:

- Si ha existido conformidad de las partes, se dictará Sentencia in voce, con el fin de que las partes asientan a la conformidad alcanzada, y constando en el acta que las partes están conformes y no hay intención de recurso, se declare firme para su remisión directa a la ejecución. Esta Sentencia es preciso documentarla por escrito posteriormente, y notificarla en forma, por lo que, en el propio acto de vista se dejará citadas a las partes para que acudan a la oficina judicial para dicha notificación en día/hora. Con el fin de que se redacte la resolución , el magistrado/a realizará minuta con el acuerdo alcanzado.

- En caso de que no existiera conformidad, o no fuera posible por algún aspecto , el juicio se realizará y en si el magistrado/a , en atención a las pruebas practicadas considera que puede dictar Sentencia in voce, se realizará, prosiguiendo la notificación como en el punto anterior. En caso contrario, y según la carga de trabajo, el magistrado/a dictará sentencia en plazo concreto de forma que en la propia vista se pueda dejar citadas a las partes para acudir a la oficina a notificarse la sentencia (evitando así trabajo de la oficina de notificación, correo, exhortos…).

-   Se ha de optimizar el sistema de averiguaciones de domicilio y paradero, así como las buscas por requisitoria. Los pasos a realizar serán: a) Averiguación telemática de domicilio si resulta infructuosa la citación en el domicilio designado. b) Si resulta negativa, se acuerda normalmente la búsqueda, detención y puesta a disposición para citación por plazo de siete días. c) Si no se obtiene resultado, se declara al acusado en situación de rebeldía procesal.

3. Mediación penal en la fase de enjuiciamiento.

Esta medida[7] debe ser utilizada para descargar de trabajo a los juzgados de lo penal de forma que una vez que las actuaciones se encuentran a disposición del órgano competente para el enjuiciamiento conforme al art. 785 de la LECR, y examinadas con acuerdo del Ministerio Fiscal, se valorase la conveniencia de la mediación el LAJ realizará una llamada (con esto se crea más confianza y cercanía) al abogado defensor para informarle de que su caso ha sido seleccionado para un procedimiento de mediación. Si el

---

[7] Desarrollo completo en Mediación penal pp.87-121 de la Guía para la practica de la mediación intrajudicial, CGPJ, 1986.

letrado expresara una buena disposición inicial hacia la mediación, se pondrá en conocimiento del equipo de mediación para el inicio del proceso.

EL LAJ elaborará y remitirá al equipo de mediación un expediente con los siguientes datos: copia de la denuncia, copia de las declaraciones, copia del escrito de acusación del Ministerio Fiscal, copia del escrito de defensa, copia de informes periciales que contengan algún dato de relevancia: patologías, adicciones, lesiones, tasación de daños a los efectos de determinar la cuantía de la reparación, etc.

El Juzgado o el Tribunal, a instancia de cualquiera de las partes, dictará una providencia de derivación de la causa al proceso de mediación y la enviará a la persona acusada y a la víctima, en la que se indicarán las razones que avalan la decisión de derivación a la mediación y que los profesionales encargados de realizar la mediación se pondrán en contacto con ellos/as.

El contacto con ambas partes por parte del equipo de mediación será telefónico y con una carta explicativa. Ante la respuesta de ambas partes, se realizará una sesión inicial, individual con cada una de ellas, para que manifiesten su conformidad para participar en la mediación, a cuyos efectos se firmará un documento de consentimiento informado.

Una vez iniciado el procedimiento, constará de tres fases:

- Fase inicial o de acogida[8]
- Fase de encuentro dialogado[9]
- Fase final o de acuerdo[10].

---

[8] Entrevista individual con cada una de las partes en conflicto. Se les informa del contenido y naturaleza del proceso de la mediación: partes que participan, duración estimada, forma de realización, normas y funciones de la persona mediadora (neutralidad, imparcialidad, confidencialidad y objetividad), así como los posibles efectos e incidencias en el procedimiento judicial. En estas entrevistas individuales el equipo de mediación podrá conocer de las partes la percepción de los hechos, vivencias, emociones, miedos, actitudes y posibles consecuencias en relación con la otra parte, así como el interés, necesidad y capacidad para someterse al proceso. La persona mediadora deberá conocer de la persona acusada su situación específica con la justicia y los posibles beneficios que puede lograr, así como el nivel de responsabilidad asumido respecto del delito y las consecuencias. De la víctima podrá tener conocimiento de las emociones, daños padecidos, consecuencias derivadas del delito y necesidad e interés en ser reparada. Con esta información, la persona mediadora valorará si procede o no iniciar la fase de encuentro dialogado con base en la existencia del conflicto y su dimensión, observando que la mediación no sea perjudicial para ninguna de las partes y que el verdadero interés de las partes sea el de buscar una solución al conflicto, basada en el diálogo, el respeto, el reconocimiento de la verdad y la reparación.

[9] Entrevista conjunta con las dos partes, si ambas lo desearan y el mediador lo considerase posible, puesto que es posible llegar a un acuerdo sin que la víctima y la persona infractora se vean físicamente, utilizando otras formas de comunicación indirectas. Esta fase puede durar una o varias sesiones, según la complejidad del caso, la situación emocional de las partes o el número de víctimas. Se aplican las técnicas de la mediación controlando los niveles de tensión, asegurando a las partes el uso de la palabra, aclarando opiniones, resumiendo y traduciendo las mismas. Los criterios de intervención ya están expresados en el apartado correspondiente de la fase de instrucción.

[10] Se redacta un documento en el que quede plasmado el acuerdo de reparación, que llevará implícito un "plan de reparación". El mediador interviniente ratificará dicho Acuerdo a presencia judicial al presentar el mismo ante el Juzgado. La víctima podrá ratificar judicialmente el Acuerdo de mediación si la misma lo solicita y siempre que no sea necesaria su presencia en el acto del juicio oral a petición del Ministerio Fiscal. El Acuerdo podrá ser firmado por los Letrados para garantizar el derecho a la defensa. Por el/ Juez de lo Penal se procederá a dictar Auto de admisión de pruebas y señalamiento de juicio oral, citando al Ministerio Fiscal y a las partes (acusado, víctima, y sus representantes procesales). No se citará al mediador ni a los testigos, salvo que la víctima con excepción del caso anteriormente citado, ni peritos

Con el uso de esta mediación se reduce el trabajo para la oficina judicial y se agilizan determinados asuntos. Para mayor efectividad es conveniente la celebración en un mismo día de varios juicios con mediación para facilitar el trabajo de los Fiscales y del Equipo de mediación.

III.   Actuaciones en materia de ejecución.

1. Comparecencias para la decisión de cuestiones incidentales[11].

Una vez que se ha dictado Sentencia, es necesario que ésta pueda ejecutarse de manera rápida y completa, pues en caso contrario todo el trabajo previo de la instrucción, enjuiciamiento y sentencia se vería frustrado. De ahí, que aunque sea una fase que a priori parece menos relevante, lo cierto es que es esencial en el proceso judicial. Igualmente suele ser la fase en que se producen mayores dilaciones y

---

propuestos y admitidos, salvo que el Ministerio Fiscal o la representación procesal de las partes manifiesten la necesidad de su presencia, de todos o algunos, en el acto del juicio oral si la mediación es parcial respecto a los hechos imputados y en relación a estos últimos o el mediador, en casos excepcionales, lo solicite a petición propia. En tales casos, dicha manifestación se hará constar en el traslado de la causa para notificación del auto de señalamiento por el Ministerio Fiscal y las partes, el mediador interviniente lo hará constar en el Acuerdo de Mediación.

[11] Documentos que se adjuntan:9.- Modelo auto incoación ejecutoria convocando a comparecencia; 10.- Cédula de citación; 11.-- Auto documentando resolución *in voce*; 12.- Minuta Magistrado dirigida a la Oficina Judicial documentando sesión incidental.

en la que se ha de evitar prescripciones de penas o falta de resarcimiento de las víctimas. Por ello, la primera medida de agilización serán las comparecencias, en las que no sólo se decide sobre la ejecución de penas privativas de libertad, sino de otros aspectos incidentales en unidad de acto y en plazos cortos para evitar la inseguridad jurídica que provoca la falta de ejecución de las sentencias dictadas con motivo de sucesivos trámites y traslados. El objeto de estas sesiones son:

1.- Reducir y minimizar la pendencia y duración de la tramitación de las ejecutorias de los Juzgados de lo Penal. Los Juzgados de lo Penal en general sufren una importante sobrecarga de trabajo como consecuencia de ser los encargados de la ejecución no sólo de sus propias sentencias, sino también de las sentencias de conformidad dictadas por los Juzgados de Instrucción que de él dependen. La finalidad de estas comparecencias es evitar una tramitación excesiva de las ejecutorias como consecuencia de una sucesión de trámites que sin embargo podían solventarse en una unidad de acto.

2.- En estas sesiones incidentales se decide no sólo sobre alternativas al cumplimiento de penas de prisión de corta duración en centro penitenciario sino también sobre otros aspectos incidentales tales como suspensiones por petición de indulto, sustitución de penas privativas por expulsión de territorio nacional, formas de cumplimiento de la responsabilidad personal subsidiaria por impago de la pena de multa. Mediante esta sesión se consigue no sólo agilizar la ejecución sino también dar una respuesta más rápida y personalizada al ciudadano al decidirse sobre estos aspectos incidentales con inmediación.

3.- La duración de las sesiones se programa en 15 minutos, de forma que es operativo fijarlas en días específicos prefijados o en días de señalamientos ordinarios (antes, después o entre juicios, según el caso)[12]. Aprovechando la asistencia del Ministerio Fiscal para su informe de manera directa.

2.   Propuesta de protocolo para la ejecución de las penas de trabajos en beneficio de la comunidad y de cursos formativos en materia de violencia de género y otras especialidades[13].

Este Protocolo[14] se basa en el presentado por los Servicios de Gestión de Penas Alternativas (SGPA) para la tramitación de las penas de trabajos en beneficio de la comunidad así como de otras consecuencias penales tales como la realización de cursos específicos

---

[12] La base de estas comparecencias parte del Proyecto que se desarrolló en los Juzgados de lo Penal nº 1 y 3 de Cartagena durante los años 2011, 2012 y 2013, que consiguió uno de los Premios a Calidad de la Justicia 2013, modalidad de una experiencia para una justicia más accesible al ciudadano

[13] Documentos que se adjuntan: 13.- Protocolo cumplimiento TBC con SGPA.

[14] La referida propuesta de protocolo fue remitida al Tribunal Superior de Justicia de Castilla La Mancha quien en Sala de Gobierno acordó remitirla al Consejo General del Poder Judicial al objeto de analizar su viabilidad y la fijación de un protocolo de actuación con Instituciones Penitenciarias que pudiera extrapolarse a otros partidos judiciales.

en materia de violencia de género o seguridad vial de penados por el Juzgado de lo Penal, en Guadalajara.

Se realizó para evitar que los penados en Guadalajara tuvieran que trasladarse a Toledo para la entrevista inicial, lo que ocasionaba a veces incoaciones de procedimientos por delito de desobediencia o archivos provisionales ante la imposibilidad de desplazamiento. Una de las opciones será trasladar la sede de los SGPA de Toledo al Centro Penitenciario de Ocaña, donde dispondrán de equipos de videoconferencia y de sistemas informáticos más adecuados para la tramitación de las referidas penas y obligaciones, y por ello también será al parecer viable poder efectuar las entrevistas a través de los medios que el Juzgado de lo Penal ha ofrecido. Esto se podría extender a la gestión de penas y cursos de otros juzgados alejados como los de Talavera de la Reina.

Para llevar a efecto dicha propuesta, será precisa la disponibilidad de una Sala de Vistas con sistema de videoconferencia y el propio fax del Juzgado como medios materiales, lo que es viable por contar los juzgados con estos medios.

4.   Agilización en la suspensión de la pena privativa de libertad: valoración de las circunstancias concurrentes.

Uno de los puntos en los que es posible la agilización es en la tramitación de la petición de suspensión extraordinaria de penas privativas de libertad a penados que hubieren cometido el hecho delictivo por causa de su dependencia al consumo de drogas, alcohol o cualquiera otra de las sustancias previstas en el art. 20.2 del Código Penal regulada en el art. 87 del Código Penal.

Este supuesto tiene especial singularidad y complejidad por la sucesión de trámites procesales previstos en el precepto y por la necesidad de acreditar no sólo la dependencia y la relación causal de la misma con la comisión del hecho delictivo, sino que el penado se encuentra deshabituado o en proceso de deshabituación.

Para ello se precisa un protocolo con la Clínica Médico Forense para la tramitación de este beneficio en donde se indica a la Oficina Judicial cómo ha de proceder cuando se incoa la tramitación de este beneficio y qué oficios y en qué términos ha de solicitarse el preceptivo informe a la Clínica Médico Forense[15].

5. Protocolo para la tramitación de la responsabilidad personal subsidiaria por impago de la pena de multa.

La responsabilidad personal subsidiaria por impago de la pena de multa (art 53 CP) se configura como la respuesta legal al incumplimiento de dicha pena y es un mecanismo cada vez de

---

[15] Documentos que se adjuntan: 14. Protocolo tramitación suspensión extraordinaria art. 87CP

aplicación más frecuente, sobre todo en la actual situación de crisis económica.

Una falta de tramitación ágil del procedimiento de fijación de la responsabilidad personal subsidiaria puede conllevar una demora innecesaria en la tramitación del procedimiento y en el cumplimiento definitivo de las penas impuestas, por ello ha de fijar un protocolo[16] de actuación con la Oficina Judicial en el que se analice en primer lugar la viabilidad de la suspensión de la ejecución de dicha responsabilidad subsidiaria o su cumplimiento por trabajos en beneficio de la comunidad en atención al cumplimiento de los requisitos legales y demás circunstancias del hecho y del penado, y comprobada dicha viabilidad, se de traslado a la defensa para que en su caso inste alguna de dichas alternativas. La decisión definitiva se adopta o bien previo traslado por escrito al Ministerio Fiscal, bien mediante la convocatoria de comparecencia incidental.

6. Protocolo para la revocación del beneficio de la suspensión de la ejecución de penas privativas de libertad.

La revocación del beneficio de la suspensión de la ejecución de la pena supone que un penado ha incumplido las obligaciones

---

[16] Documentos que se adjuntan: 15. Protocolo a seguir en el establecimiento y tramitación de la responsabilidad personal subsidiaria por impago de la pena de multa.

derivadas del beneficio y por tanto procede ordenar el cumplimiento de la pena privativa de libertad o evaluar otras alternativas al cumplimiento en Centro Penitenciario o variación o modificación de las obligaciones impuestas. Ante la distinta casuística que puede producirse, se ha de implantar un protocolo[17] para que la Oficina Judicial tenga los trámites a seguir en cada supuesto y se adapte al sistema de comparecencias incidentales y al plan de optimización general.

7.   Protocolo para informes sobre peticiones administrativas de expulsión de acusados/penados/absueltos y peticiones de sustitución de penas privativas de libertad por expulsión en fase de ejecución.

Uno de los trámites procesales habituales en el Juzgado es la tramitación de peticiones de expulsión interesadas por la Brigada Provincial de Extranjería. Los supuestos que pueden darse en estas peticiones son numerosos en atención a la situación procesal del ciudadano extranjero, lo que obliga a distinguir los diversos cauces procesales que deben seguirse. Añadido a lo anterior, la nueva regulación del art. 89 del Código Penal, permite la sustitución de penas

---

[17] Documentos que se adjuntan 16. Protocolo de remisión definitiva de penas de prisión suspendidas. especial consideración de suspensiones condicionadas al pago de la responsabilidad civil.

privativas de libertad en fase de ejecución de sentencia. Por ello también se ha de concretar[18] cuando y en qué supuestos, y quien tiene legitimación procesal para interesarlo, puede iniciarse la tramitación de dicho sustitutivo penal.

8.   Protocolo de agilización mediante grupos de funcionarios

Siguiendo con los protocolos establecidos por el SCEJ Penal de Murcia[19] se utilizan tres tipos principales de procedimientos: a)Procedimiento de Ejecutoria Penal; b) Ejecución Provisional de Responsabilidad Civil y c) Ejecución de Jura de Cuentas. Otros expedientes se tramitan como pieza separada del procedimiento principal de Ejecutoria Penal (tasación de costas de la ejecutoria)

En el SCEJ Penal de Murcia se han creado con los funcionarios una serie de grupos con atribución concreta de responsabilidades para agilizar la gestión y tramitación de los expedientes de Ejecución Penal, conforme a la siguiente organización:

- Grupos de inicio[20], tareas de trámite inicial.

---

[18] Documentos que se adjuntan: 17.- Protocolo para las autorizaciones de expulsión administrativa y petición de sustitución por expulsión en fase de ejecución.

[19] Protocolo redactado por LOPEZ LOPEZ F. J., Sección 3ª, ejecución penal, Guía de Criterios homologados , Servicio Común Procesal de Ejecuciones de Murcia, pp. 50 y ss.

[20] División por Penales y composición por un funcionario por Penal, son los encargados de realizar el registro y los requerimientos en adelantos que se producen en juicios celebrados en conformidad tanto en los distintos Juzgados de lo Penal como en los Juzgados de Instrucción de su competencia, además y también como apoyo de tramitación, realizan la carpeta y nota de condena de cada asunto, proceden

- Grupos de tramitación[21], son los principales de gestión y tramitación

- Grupo de notas de condena[22].

- Grupo de investigación patrimonial[23].

---

a la revisión de las causas de entrada inicial en la oficina, realizándose un control exhaustivo del trámite efectuado en el origen, especialmente la correcta realización de requerimientos por los Juzgados de Instrucción, comprobación amplia del registro del asunto, con la inclusión de TODOS los datos del condenado, así como del perjudicado, los profesionales que les asisten y en su caso representan, los cargos, los datos de filiación, fecha de nacimiento, comprobación igualmente de todos los datos de la nota de condena y de su correcta realización, la corrección en todos los demás datos del procedimiento y de los intervinientes, realizan la devolución de las causas al órgano de origen en que se observe cualquier error para que proceda a su rectificación, tanto en el trámite como en el registro, así como en la nota de condena. Realizan las primeras actuaciones de ejecución en delitos contra la seguridad del tráfico hasta su envío al Ministerio Fiscal para vista de las liquidaciones de condena, efectuando el trámite oportuno cuando el penado no comparezca por sí en esta oficina; estos grupos también se encargan del inicio de tramitación en delitos sobre violencia de género y en los delitos contra la seguridad del tráfico, hasta su envío al Ministerio Fiscal para vista de las liquidaciones de condena. La tramitación de tales delitos corresponderá tanto a los procedimientos donde se haya dictado sentencia de conformidad como aquellos que no hayan sido de conformidad y se realizará hasta que la causa sea enviada al Ministerio Fiscal para aprobación de liquidación de condena.

21 Tramitación pura de la ejecución penal, actuaciones necesarias para el cumplimiento de las distintas penas impuestas continuando con la tramitación iniciada por los grupos de inicio y envío de la ejecutoria al Archivo provisional, el control de los plazos para su cumplimiento y las reaperturas de los procedimientos enviados previamente al archivo provisional para verificación de cumplimiento y archivo definitivo..

22 Se encarga de la actualización de las notas de condena en causas terminadas por cumplimiento de pena o por cualquier otra razón, así como de la confección de certificaciones de cumplimiento de condena a instancia de interesados. Este funcionario se encarga también de sacar investigaciones de bienes a instancia del Jefe de Equipo.

23 Investigaciones patrimoniales de todos los Penales en procedimientos con responsabilidad económica en los que se haya producido algún impago, como paso previo a la declaración de insolvencia o embargo y decide de la oportunidad de proceder a embargos concretos o proponer la insolvencia. Además se encarga de la gestión de las tasaciones de costas, tramitación de las juras de cuentas y de las ejecuciones provisionales.

- Grupo de apoyo al servicio[24]

IV.   Anexos. Documentos que se adjuntan

1.Modelo de AUTO para primera sesión juicio oral

AUTO

En --------------------, a -------de -----.

ANTECEDENTES DE HECHO

PRIMERO. - En este Órgano Judicial se sigue PROCEDIMIENTO ABREVIADO contra XXX, por el/los delito/s de XXX en el que, previos los trámites legales, se formuló en el Juzgado de instrucción por el Ministerio Fiscal y la acusación particular escrito de acusación, procediéndose a la apertura de juicio oral.

SEGUNDO. - Por la defensa del acusado en igual trámite se presentó escrito de defensa, remitiéndose las diligencias a este Juzgado de lo Penal y libramiento de las comunicaciones pertinentes.

FUNDAMENTOS DE DERECHO

PRIMERO. - De conformidad con lo establecido en el art. 785.1º LECr, en cuanto las actuaciones se encontraren a disposición del

---

[24] Funcionarios del cuerpo de Auxilio Judicial adscritos al Servicio de Ejecución Penal se encargan del porteo y reparto de todos los asuntos que llegan y salen del servicio a las distintas Unidades de Apoyo Directo, Juzgados de Instrucción y Fiscalía, reparto de correo y demás documentación recibida y envío de los mismos, gestión de exhortos y de material, así como el filtro a los usuarios que se personan en esta oficina

órgano competente para el enjuiciamiento, el Juez o Tribunal examinará las pruebas propuestas e inmediatamente dictará auto admitiendo las que considere pertinentes y rechazando las demás, y prevendrá lo necesario para la práctica de la prueba anticipada.

En atención a la naturaleza del procedimiento, el Tribunal considera necesario convocar a una comparecencia incidental y, en su caso, dar inicio a las sesiones de juicio oral. La comparecencia inicial tendrá por objeto: Dar ocasión a la eventual conformidad del acusado que prevé el Art. 787 LECr, evitando en caso de conformidad, molestias a los testigos y trámites y gastos innecesarios a la Administración de Justicia, dictándose en ese supuesto sentencia declarando concluso el acto de juicio, pronunciándose el órgano de enjuiciamiento a continuación, en caso de ser procedente y tras la declaración de firmeza, sobre la suspensión o sustitución de las penas privativas de libertad que pudiesen haber sido impuestas.

En el supuesto de no alcanzarse conformidad, se procederá a analizar el contenido y finalidad de las pruebas propuestas para practicarse en la vista oral y con su resultado se dictará oralmente el auto al que alude el art. 785.1º LECr, que posteriormente será documentado. Contra los autos de admisión o inadmisión de pruebas no cabrá recurso alguno, sin perjuicio de que la parte a la que fue denegada pueda reproducir su petición al inicio de las sesiones del juicio oral, momento hasta el cual podrán incorporarse a la causa los informes, certificaciones y demás documentos que el Ministerio Fiscal y las partes estimen oportuno y el Juez o Tribunal admitan (art. 785.1º párrafo segundo LECr).

A continuación, resueltos los trámites procesales mencionados en el apartado anterior, y en atención al auto dictado relativo a las pruebas admitidas, previa audiencia de las partes, se establecerá conforme a la previsión del art. 785.2º LECr, si procede dar inicio a la primera sesión del acto de Juicio Oral al único objeto de, por economía procesal, de evaluar posibles circunstancias que pudieran poner fin al procedimiento de forma sobrevenida evitando con ello la realización de trámites procesales innecesarios y molestias y perjuicios a testigos y peritos que sean citados para posteriormente no intervenir en juicio, a cuyo efecto podrán alegar las partes cualquier cuestión previa o artículo de previo pronunciamiento que pueda afectar al procedimiento, o bien reproducir la petición de la prueba que les haya sido denegada o proponer nuevos medios de prueba, sino lo hubieren hecho con anterioridad (art. 786.2 LECr); sin sujeción al plazo de reanudación previsto en el art. 788.1 LECr a no haberse iniciado la práctica de la prueba admitida, o, en caso de disconformidad de las partes, señalar el inicio del acto de Juicio Oral en sesión única en distinta fecha.

Si con conformidad de las partes, se diera inicio a la primera sesión del acto de juicio oral en los términos expuestos, terminadas y resueltas en su caso las cuestiones previas y artículos de previo pronunciamiento planteados, se señalará la fecha de la segunda sesión de juicio oral previa consulta a las partes para evitar la coincidencia de señalamientos, sin sujeción al plazo de reanudación previsto en el art. 788.1 LECr a no haberse iniciado la práctica de la prueba admitida.

En atención a lo expuesto,

PARTE DISPOSITIVA

SSª DISPONE: Convocar al acusado/s, a su/s Letrados defensores, al Ministerio Fiscal y al resto de partes personadas a una comparecencia preliminar, y en su caso, previa audiencia y conformidad de las partes al inicio de la primera sesión de juicio oral, conforme al procedimiento y objeto reseñados en el Fundamento Jurídico Segundo de la presente resolución.

A dichos efectos líbrense los despachos oportunos.

Al acusado adviértasele al citársele que si la pena contra él, solicitada por las acusaciones, no excede de los dos años de prisión o seis años si es de distinta naturaleza, podrá celebrarse el acto de juicio en su ausencia si no comparecen mediando causa justificada conforme a Ley (art. 786.1 párrafo segundo LECr). Si la pena solicitada excede de dichos límites, adviértase a los acusados que el juicio no podrá celebrarse sin su presencia, pudiéndose acordar en ese caso medidas cautelares personales para garantizar su asistencia a juicio (incluida la prisión provisional) sino concurre causa que justifique conforme a Ley su ausencia.

Contra la presente resolución CABE RECURSO DE REFORMA, que deberá interponerse en el plazo de 3 días.

Así lo manda y firma XXXXXX, MAGISTRADO/A del JUZGADO DE LO PENAL Nº XX DE XXXX

2. Modelo de diligencia de ordenación para primera sesión juicio oral y diligencia de señalamiento

De conformidad con lo previsto en el art. 785.2 LECr, consultada la agenda programada, conforme lo acordado por el auto que antecede, se señala para la comparecencia preliminar mencionada, y, en su caso, para el comienzo a continuación de la audiencia de las sesiones del Juicio Oral con libramiento de las citaciones pertinentes se señala el día XXX A LAS XXX HORAS.

MODO DE IMPUGNACIÓN: mediante interposición de recurso de reposición a interponer en el plazo de TRES DÍAS siguientes a su notificación.

Así lo acuerdo y firmo, doy fe

9. Modelo de diligencia de constancia y ordenación documentando la comparecencia preliminar

En el día de hoy han dado comienzo las sesiones del acto de Juicio Oral XXX y se ha celebrado la primera sesión de juicio oral a la que fueron convocadas las partes, habiéndose manifestado por la defensa la no conformidad con la acusación formulada, y resueltas las cuestiones previas planteadas por las partes, se ha admitido por SSª los siguientes medios de prueba: Se ha declarado pertinente la prueba propuesta por el Ministerio Fiscal y por la defensa consistente en: XXX

Procédase a la citación de los testigos/peritos para su asistencia a la segunda sesión del juicio oral que ha quedado fijada para el día XXX a las XXX horas en la sala de vistas de este Juzgado. Los testigos/peritos XXXXX serán traídos por la parte proponente (en su caso).

El acusado XXX ha quedado emplazado y citado en el acto de juicio para comparecer a la segunda sesión del acto de juicio oral con las advertencias legales en caso de no comparecer.

Asimismo han quedado emplazadas y citadas en el mismo sentido las representaciones letradas de las defensas y el Ministerio Fiscal.

MODO DE IMPUGNACIÓN: mediante interposición de recurso de reposición a interponer en el plazo de TRES DÍAS siguientes a su notificación.

Así lo acuerdo y firmo, doy fe.

10. Modelo citación a juicio/segunda sesión juicio oral/continuaciones de testigos/peritos

CÉDULA DE CITACIÓN A TESTIGO/PERITO

Por así haberlo acordado la Ilma. Sr. Magistrado/a del Juzgado de lo Penal núm. XX de XXX, se cita a D,/Dña._____, para que en el asunto arriba referenciado comparezca el próximo día _____, a las _____ horas de la mañana, ante este Juzgado, a fin de asistir a vista de JUICIO ORAL, en calidad de TESTIGO/PERITO, BAJO APERCIBIMIENTO DE QUE EN CASO DE NO COMPARECER PODRÁ IMPONÉRSELE UNA MULTA DE 200 A 5.000 EUROS si es primera incomparecencia, y si es segunda incomparecencia, podrá acordarse su conducción policial y la deducción de testimonio por la eventual comisión de un delito de obstrucción a la justicia (art. 420 Ley de Enjuiciamiento Criminal).

En _____, a _____ de _____.

Fdo:

D./Dña._____

Teléfono de contacto: _____

Domicilio actual: _____

CÉDULA DE CITACIÓN A ACUSADO/A

Por así haberlo acordado el/la Ilma. Sr. Magistrado/a del Juzgado de lo Penal núm. XX de XXX, se cita a D,/Dña._____, para que en el asunto arriba referenciado comparezca el próximo día_____, a las _____ horas de la mañana, ante este Juzgado, a fin de asistir a vista de JUICIO ORAL, en calidad de ACUSADO/A, con la expresa advertencia que de no comparecer podrá celebrarse el juicio en su ausencia si las penas solicitadas por las acusaciones no superan los dos años de prisión o seis años de pena de distinta naturaleza (art. 786.1 LECr) y si superan dichos límites y no comparece, el juicio no podrá celebrarse, pudiéndose acordar y podrá acordarse su búsqueda, detención y puesta a disposición del Juzgado o ingreso en prisión para garantizar su presencia a juicio.

En _____, a _____ de _____.

Fdo:

D./Dña._____

Teléfono de contacto: _____

Domicilio actual: _____

11. Minuta magistrado dirigida a oficina judicial para toma de conocimiento y documentación de primeras sesiones de juicio oral

PROCEDIMIENTO: _____

FECHA SEÑALADA: _____

TIPO DE SUSPENSIÓN:

( ) **SUSPENSIÓN SIN INICIACIÓN DE JUICIO**

CAUSA DE LA SUSPENSIÓN Y DILIGENCIAS A REALIZAR:

NUEVA FECHA SEÑALADA JUICIO:

( ) **JUICIO INICIADO Y SUSPENSIÓN PARA CONTINUACIÓN**

FASE Y PRUEBAS HASTA LAS QUE SE HA CELEBRADO EL JUICIO:

PRUEBAS PENDIENTES DE PRACTICAR Y DILIGENCIAS A REALIZAR:

FECHA SEÑALADA PARA CONTINUACIÓN:

( ) **CONTINUACIONES TRAS PRIMERA SESIÓN SIN CONFORMIDAD**

¿PLANTEADAS CUESTIONES PREVIAS?:

PRUEBA ADMITIDA Y DILIGENCIAS A REALIZAR:

FECHA FIJADA PARA CONTINUACIÓN JUICIO:

RESEÑA DE CITACIONES DE ACUSADOS O TESTIGOS QUE HAYAN COMPARECIDO EFECTUADAS EN SALA O A EFECTUAR EN LA OFICINA JUDICIAL:

CRITERIOS NOTIFICACIÓN RESOLUCIONES A ACUSADOS/PENADOS Y PERJUDICADOS

12. Minuta del Magistrado para Sentencias dictadas in voce en el propio juicio o en comparecencia

Notificar a los acusados por correo ordinario con diligencia de constancia en autos del Letrado de la Administración de Justicia reflejando que: al haber sido notificada la resolución al acusado/penado en Sala, se procede a remitir al mismo la resolución por correo ordinario para su conocimiento.

13. Minuta del Magistrado para Sentencias y autos dictados con posterioridad al acto de juicio o comparecencia

a. Con el acusado/penado presente el día del juicio: Se emplazará al mismo para notificarse la resolución en un día determinado, así como a los posibles perjudicados.

CÉDULA DE CITACIÓN ACUSADO/A

Celebrado el acto de juicio del procedimiento de referencia con fecha_____, queda citado y emplazado D./DÑA. _____, para comparecer en la Secretaría del Juzgado el día _____, desde las

_____ horas, al objeto de serle notificada la sentencia que se dicte, con el apercibimiento de que, de no comparecer, le parará el perjuicio que en Derecho corresponda, teniéndose por efectuada la notificación de la sentencia a su representación procesal (art. 160 LECr).

En_____, a _____de _____.

Fdo:

D./Dña._____

Teléfono de contacto: _____

Domicilio actual: _____

Si no se persona, se consignará diligencia de constancia y ordenación donde se refleje:

No habiendo comparecido el acusado/penado para notificarse de la sentencia en el día en el que fue emplazado, conforme dispone el art. 160 LECr, se tiene al mismo por notificado de la resolución a través de su representación procesal.

CÉDULA DE CITACIÓN PERJUDICADO/A

Celebrado el acto de juicio del procedimiento de referencia con fecha_____, queda citado y emplazado D./DÑA. _____, para comparecer en la Secretaría del Juzgado el día_____, desde las _____ horas, al objeto de serle notificada la sentencia que se dicte, con el apercibimiento de que, de no comparecer, si está personado en el procedimiento, se le tendrá por notificada a través de su representación procesal, y si no está personado, la sentencia quedará a su disposición en la Secretaría del Juzgado.

En_____, a _____de _____.

Fdo:

D./Dña._____

Teléfono de contacto: _____

Domicilio actual: _____

b.   **Con el acusado/penado ausente:**

Notificar la resolución personalmente al acusado.

Perjudicados: Por correo ordinario, salvo víctimas VG (por correo certificado, o en su caso por exhorto), dejando en todo caso en autos diligencia de constancia.

14.   Protocolo averiguaciones de domicilio, rebeldía y requisitorias.

1) Acusado que ha sido citado en el domicilio o en persona por él designada o por busca con pena solicitada inferior a dos años: Se celebra en ausencia.

2) Acusado que se ha intentado citar en el domicilio que facilitó y no es localizado, si no aparece otro domicilio en la base de datos:

Requisitoria de búsqueda, detención y puesta a disposición para citación a juicio. Requisitoria por diez días, transcurridos los cuales auto de rebeldía.

3) Acusado respecto del que se ha acordado requisitoria para búsqueda, citación y personación para citación y no ha sido hallado a fecha de juicio: Si se puede, se suspende el juicio con anterioridad con aviso a los testigos y partes para que no vengan. Si ya no es posible se suspende en Sala. Se mantiene la búsqueda para citación.

4) Acusado citado personalmente en el domicilio o con busca previa, que no comparece a juicio con pena superior a dos años, requisitoria de busca, detención y comparecencia de prisión del art. 505 LECrim

Procedimiento de comparecencia de prisión:

1) El detenido es puesto a disposición a nuestra disposición directamente: Comparecencia de prisión ese mismo día.

2) El detenido es puesto a disposición de otro juez distinto: Puede prorrogar la detención y ordenar que se ponga a nuestra disposición para la comparecencia, o si no le da tiempo a puede pasar a disposición del competente en 72 horas, puede celebrar él mismo la comparecencia. A esos efectos, deberá abrirse carpetilla de cada asunto donde se incluya: a) Auto de busca; b) Diligencia de constancia de lo acontecido y acordado en la vista en la que no compareció y que motiva la busca; c) Escritos de calificación de las partes acusadoras.

3) Los lunes hay que llamar al Juzgado de Guardia para preguntar si les han llamado para pedirles información sobre algún requisitoriado

para hacer un seguimiento de posibles ingresos en prisión de buscas nuestras y cotejarlo con la documentación que nos llegue.

DECLARACIONES DE REBELDÍA

1) Todas las requisitorias lo serán con un plazo de diez días. Transcurrido el plazo sin se habido el acusado, se le pondrá en rebeldía acordando el archivo provisional de la causa hasta ser habido manteniendo la requisitoria por 3 o 5 años (plazo prescripción según delito) desde el auto de admisión de pruebas.

2) No se acordará la rebeldía sin requisitoria previa y mientras no haya transcurrido el plazo referido.

DÍAS PARA CITACIÓN

Se habilitará un viernes cada tres meses para citación a juicio por el Juzgado de Guardia de requisitoriados puestos a disposición el fin de semana.

TESTIGOS

-Si no son hallados, averiguación de domicilio y paradero a policía, y tras un tiempo prudencial, reclamar a policía oficio donde informen que se encuentra en no localizado paradero. Con ello se puede continuar con el juicio y las partes en su caso pueden instar la lectura de las declaraciones sumariales de esos testigos conforme al art. 730 LECrim.

15.   Modelo auto de incoación de ejecutoria convocando comparecencia inicial.

AUTO

En xxxxx , a xxxxxx de xxxx de dos mil xxxx

ANTECEDENTES DE HECHO

ÚNICO: En el presente procedimiento se dictó sentencia de fecha xxxxxx, habiéndose

condenado a como responsable de un delito de xxxxxxxxxxxxx.

FUNDAMENTOS DE DERECHO

ÚNICO.- Habiéndose recibido los presentes autos del Juzgado xxxxx, de conformidad con lo dispuesto en los arts. 798 y 988 de la Ley de Enjuiciamiento Criminal, se acuerda proceder sin demora a su ejecución, indicando el número de ejecutoria que le ha correspondido.

PARTE DISPOSITIVA

Habiendo sido declarada firme la Sentencia dictada en este procedimiento, procédase a su ejecución, para lo que se acuerda lo siguiente.

Por lo que respecta al condenado actualícese la nota de condena.

Respecto a la pena de un año de prisión impuesta al condenado y vista la hoja histórico penal del mismo, de conformidad con lo previsto en los artículos 80 y siguientes, convóquese a comparecencia al objeto de decidir sobre la concesión de los beneficios de la suspensión de ejecución de la citada y/o su sustitución por las penas de multa o trabajos en beneficio de la comunidad, a cuyo efecto cítese a tal comparecencia a la representación letrada del condenado, al Ministerio Fiscal , a las demás partes personadas y al condenado personalmente y a través de su representación procesal, con la expresa advertencia al condenado que de no poderse practicar su citación en el domicilio que tenga designado y de no comparecer el día señalado, se decidirá sobre la concesión de los citados beneficios con base en lo informado por su representación letrada sin escucharle personalmente.

Así mismo, póngase en conocimiento de las partes que deberán acudir a la citada comparecencia con todos los medios de prueba que quieran hacer valer en defensa de sus pretensiones.

SE SEÑALA LA CELEBRACIÓN DE LA COMPARECENCIA EL PRÓXIMO DÍA xx DE xxxx DE xxxx A LAS xxxx HORAS.

Respecto de la **responsabilidad civil** ascendente a la cantidad de xxxxx €, en que el acusado, conjunta y solidariamente con xxxxxx., a de indemnizar a xxxxx, requiérase al penado, señalando a tal efecto el próximo día xxxxxx, a las xxxxx horas.

Respecto a la pena de **multa** de xxxxxx impuesta al penado, con la responsabilidad personal subsidiaria en caso de impago de un día de privación de libertad por cada xxxx euros impagados, requiérase al penado en iguales términos a los señalados en el párrafo precedente.

Procédase a la ejecución de lo acordado cumplimentando las citaciones y requerimientos y en su caso, librándose los oficios y exhortos necesarios.

Póngase esta resolución en conocimiento del Ministerio Fiscal y demás partes personadas, previniéndoles que contra la misma, podrán interponer, ante este Juzgado, RECURSO DE REFORMA en el plazo de TRES DÍAS siguientes a la notificación practicada a las partes.

Así lo manda y firma D./Dña. xxxxxxxxxxx de xxxxxxxx Doy fe.

EL/LA MAGISTRADO-JUEZ EL/LA SECRETARIO/A JUDICIAL

16. Cédula de citación

Por haberlo así acordado en resolución de fecha de hoy dictada en el procedimiento de referencia, deberá comparecer:

comparezca el DÍA xxxxxx ante la SALA de VISTAS DE ESTE JUZGADO A LAS xxxx HORAS, de este Juzgado,, al objeto de decidir sobre la concesión de los beneficios de la suspensión de ejecución de la pena de xxxx de prisión a la que fue condenado por sentencia de xxxxx y/o su sustitución por las penas de multa o trabajos en beneficio de la comunidad.

Se le advierte expresamente que de no poderse practicar su citación en el domicilio que tenga designado y de no comparecer el día señalado, se decidirá sobre la concesión de los citados beneficios con base en lo informado por su representación letrada sin escucharle personalmente, con los perjuicios que de ello pudiera deparar, y en caso de ser denegados la concesión de los beneficios antes dichos podrá ser requerido de forma inmediata para su ingreso voluntario en prisión o es su caso será llamado por requisitorias para su búsqueda, detención e ingreso en prisión.

A las xxxx del día citado deberá comparecer ante la Oficina Judicial sita en Palacio de Justicia a fin de practicar diligencia de requerimiento.

Al personarse ante el Órgano judicial deberá presentar esta cédula y su Documento de Identidad.

Y para que sirva de citación a la persona cuyo nombre y dirección consta al pie de la presente, extiendo esta cédula en XXXXXXXXXX, EL/LA LAJ

17.   Auto documentando la resolución in voce:

AUTO

En XXXX a XXXXXXX de dos mil XXXXX

ANTECEDENTES DE HECHO

PRIMERO.- En este Juzgado se sigue Ejecutoria no xxxx contra D. XXX, habiéndose dictado con fecha xxxxxxxx sentencia en virtud de la cual se condenaba al mismo como autor penalmente responsable de un delito xxxxxxxxxx a la pena de xxxxx, multa de xxxxx euros, accesorias, responsabilidad civil y costas procesales.

SEGUNDO.- Convocada la audiencia prevista en los artículos 80 y 88 del Código Penal, por la representación letrada de los acusados se interesó la concesión al mismo del beneficio de la suspensión de la ejecución de la pena privativa de libertad impuesta, el Ministerio Fiscal no se opone a la suspensión.

TERCERO.- Por SSa se adelantó en contenido de su resolución, por la que se concedía al penado el beneficio de la suspensión de la ejecución de la pena de un año de prisión por un plazo de dos años, condicionado al pago de la responsabilidad civil a la que fue condenado salvo previa declaración de insolvencia. Tanto el Ministerio Fiscal como la representación letrada de los penados manifestaron su deseo de no recurrir la resolución, la cual fue declarada firme en dicho acto.

CUARTO.- El penado quedó requerido en dicho acto para el cumplimiento de las obligaciones derivadas de la suspensión concedida, informándosele que el plazo de dos años empezaba a computarse desde ese mismo día de la comparecencia (xxxxxxx).

FUNDAMENTOS DE DERECHO

PRIMERO.- En relación a la suspensión de la ejecución de la pena, el artículo 80 del Código Penal establece que los jueces o tribunales podrán dejar en suspenso la ejecución de las penas privativas de libertad, mediante resolución motivada, no superiores a dos años cuando sea razonable esperar que la ejecución de la pena no sea necesaria para evitar la comisión futura por el penado de nuevos delitos. Para adoptar esta resolución el juez o tribunal valorará las circunstancias del delito cometido, las circunstancias personales del penado, sus antecedentes, su conducta posterior al hecho, en particular su esfuerzo para reparar el daño causado, sus circunstancias familiares y sociales, y los efectos que quepa esperar de la propia suspensión de la ejecución y del cumplimiento de las medidas que fueren impuestas.; señalando que el plazo de suspensión será de dos a cinco años dos a cinco años para las penas privativas de libertad no superiores a dos años, y de tres meses a un año para las penas leves, y se fijará por el juez o tribunal, atendidos los criterios expresados en el párrafo segundo del apartado 1 del artículo 80.

SEGUNDO.- En el penado concurre la exigencia de ser delincuente primario a los efectos prevenidos en el art. 80 del Código Penal (los antecedentes penales que le constan son cancelables de oficio)

De conformidad con lo dispuesto en el art. 83 /84 del Código Penal, mostrándose conforme el penado, se condiciona la suspensión concedida a xxxxxxxxxx

Se concede la suspensión por un plazo de xxxxx, con la condición de que el penado no delinca nuevamente durante este término bajo apercibimiento de revocárseles el beneficio en tal caso.

En atención a lo expuesto,

PARTE DISPOSITIVA

DEBO ACORDAR Y ACUERDO la SUSPENSIÓN de la ejecución de la pena de xxxx de prisión impuesta al penado xxxx por plazo de xxxxx, con la condición de que el mismo no delinca nuevamente durante este periodo y a que xxxxxxxxxx, bajo apercibimiento de revocación del beneficio concedido y consiguiente cumplimiento de la pena cuya ejecución se ha suspendido.

Así lo manda y firma xxxxxxxxxx del Juzgado de lo Penal Número xxxxxxx

18. Minuta Magistrado dirigida a la Oficina Judicial documentando sesión inicial

EJECUTORIA: .... FECHA COMPARECENCIA:...................................

PENAS PRIVATIVAS DE LIBERTAD A SUSPENDER: ....

SUSPENSIÓN / CON O SIN SUSTITUCIÓN PENA PRISIÓN SUSPENSIÓN

INSOVENTE: SI NO ¿INFORME FAVORABLE MF? SI NO

PLAZO   SUSPENSIÓN: ....¿CONDICIONADO AL PAGO DE RC?: SI NO

PLAZO DE PAGO: .... (IGUAL PLAZO SUSP O DISTINTO)

OBLIGACIONES ESPECÍFICAS DISTINTAS PAGO RC (ART. 83 CP   Y   ART   84): ....OBSERVACIONES

(¿FIRME?)..
....

SUSPENSIÓN CON SUSTITUCIÓN:

¿POR MULTA O TBC?...¿INFORME FAVORABLE MF? SI NO

IMPORTE MULTA: .... ¿REQUERIDO?
....

¿FRACCIONAMIENTO CON O SIN RC?...
....

DURACIÓN TBC:
....

OBLIGACIONES ESPECÍFICAS (ART. 83 Y 84 CP):
....

OBSERVACIONES (FIRME?):
....

RESPONSABILIDAD PERSONAL SUBSIDIRIA

¿CUMPLE MEDIANTE TBC? SI NO ¿INFORME FAVORABLE MF? SI NO

DURACIÓN TBC:
....

SUSPENSIÓN

PLAZO SUSPENSIÓN: .... ¿INFORME FAVORABLE RC? SI NO

OBLIGACIONESESPECÍFICAS...O
BSERVACIONES
(¿FIRME?)...

19. Protocolo cumplimiento TBC con SGPA

*Procedimiento a seguir para las entrevistas previas de los SGPA en otra localidad y con los penados.

A) De común acuerdo se fijará un día semanal en el que comparecerán los penados previamente citados por los SGPA, o por el Juzgado de lo Penal en coordinación con los SGPA. El horario será de 10 a 14 horas en las franjas horarias que se determinen.

B) Las entrevistas se llevarán a cabo en una de las dependencias del Palacio de Justicia que tenga sistema de videoconferencia. Así mismo se utilizará el fax del Juzgado de lo Penal o del Juzgado más cercano a la Sala.

C) Las comparecencias serán gestionadas y tramitadas por un funcionario de auxilio judicial, quien trabajará en coordinación con los SGPA.

D) Desarrollada la entrevista, ésta quedará grabada en el sistema e-Fidelius, y por los SGPA se fijará el correspondiente plan de trabajos o desarrollo de curso que será remitido al Juzgado de lo Penal por FAX para que por el penado sea firmado a presencia del LAJ. Firmado por el penado, se le entregará copia, quedará emplazado por los SGPA.

E) Finalizadas las entrevistas, por el Juzgado de lo Penal se remitirá a los SGPA los originales de los planes de trabajos firmados.

*Procedimiento a seguir para la citación de penados por el Juzgado de lo Penal:

A) La agenda de citaciones la gestionarán los SGPA para citaciones propias y será remitida con suficiente antelación al Juzgado de lo Penal.

B) Cuando se trate de penados del Juzgado de lo Penal con domicilio en la provincia de XXXX éste se comunicará con los SGPA para solicitarle cita para la referida entrevista inicial, que será facilitada por los SGPA. Cuando se trate de penados por conformidad ese mismo día, se adelantará el día de cita, si bien por el Juzgado de lo Penal se remitirá a los SGPA a la mayor brevedad y en un plazo no inferior a cinco días la sentencia condenatoria firme o resolución que establezca la pena de trabajos en beneficio de la comunidad o cursos formativos, o en su defecto diligencia de constancia del Secretario Judicial relativa al fallo o parte dispositiva de la resolución donde se fijen o establezcan dichas penas o cursos al objeto de que por los SGPA se complete el expediente correspondiente.

20.   Protocolo tramitación suspensión extraordinaria art. 87CP

A.-En la tramitación de las suspensiones extraordinarias del art. 87 Código Penal, cuando se solicite el informe médico forense, en el auto de incoación de la ejecutoria o en la providencia (y en consonancia en el correspondiente oficio) expresar que debe pronunciarse sobre los siguientes extremos:

a) Si a resultas de la exploración del penado, las analíticas, historial clínico y demás datos médicos y personales obrantes en la causa o facilitados por el penado se puede concluir que a fecha de comisión de los hechos por los que fue condenado (........) era dependiente al consumo de bebidas alcohólicas, drogas tóxicas, estupefacientes, sustancias psicotrópicas u otras que produzcan efectos análogos, y si tal dependencia o consumo pudo afectarle en la comisión del hecho delictivo enjuiciado; b) Si se encuentra en tratamiento de deshabituación, con descripción y evaluación del mismo, o si encuentran deshabituados de dicho consumo.

B.- Cuando se solicite informe al Forense, referir en la providencia que se encuentran a su disposición en la causa toda la documentación médica del penado obrante en autos, incluida la aportada por él, y en su caso los informes del CAD o del Centro Penitenciario que hayan sido remitidos.

C.- Emitido el informe médico forense dar cuenta al Magistrado para que este supervise si se pronuncia sobre lo requerido, para, en su caso, requerirle de ampliación del informe a esos extremos.

D.- Conforme el Magistrado con el informe, convocar a las partes y al penado a comparecencia para decidir sobre la suspensión.

21.   Protocolo a seguir en el establecimiento y tramitación de la responsabilidad personal subsidiaria por impago de la pena de multa.

A- Incumplidos los plazos concedidos para el pago de la pena de multa, efectuar averiguación patrimonial y si es insolvente el penado, auto de declaración de insolvencia y fijación de la responsabilidad personal subsidiaria.

B.- Pasar al Magistrado al objeto de que valore si concurren los requisitos para que la responsabilidad personal subsidiaria se cumpla mediante TBC o en su caso la suspensión de su ejecución.

C.- Si la/el Magistrado entiende que no concurren que no procede el cumplimiento mediante TBC y que no cumple los requisitos de los artículos 80 y siguientes del CP para la concesión del beneficio de la suspensión, lo proveerá mediante la siguiente providencia (con las adaptaciones necesarias):

"Dada cuenta, vista la hoja histórico penal del penado, no ha lugar al cumplimiento de la responsabilidad personal subsidiaria acordada en esta causa por impago de la pena de multa a través de la pena de trabajos en beneficio de la comunidad. Los motivos que justifican tal denegación son que el penado (....no es delincuente primario, delitos de la misma naturaleza que el objeto de condena, concesión en otras ocasiones de TBC habiendo vuelto a delinquir, etc.). Al no ser delincuente primario a fecha de comisión de los hechos, no ha lugar a iniciar los trámites para evaluar la posible concesión del beneficio de la suspensión de la ejecución de dicha responsabilidad personal subsidiaria por no cumplirse uno de los requisitos que establece el art. 80 del Código Penal.

Requiérase al penado para que ingrese voluntariamente en prisión en un plazo de siete días naturales. Así mismo, partícipesele que en el supuesto de abonar la multa incumplida, podrá solicitar que se evalúe dejar sin efecto la responsabilidad personal subsidiaria cuya ejecución se acuerda".

D.- Si la/el Magistrado entiende que pueden concurrir las circunstancias y requisitos para que la pena se cumpla TBC o suspenderse su ejecución, lo proveerá mediante la siguiente providencia:

"Dese traslado a la representación procesal del penado para que en un plazo de tres audiencias manifieste:

a) Si interesa cumplir la responsabilidad personal subsidiaria impuesta por la pena de trabajos en beneficio de la comunidad o en el caso de delitos leves por localización permanente ó

b) Si interesa la concesión del beneficio de la suspensión de la ejecución de la pena privativa de libertad resultante de la responsabilidad personal subsidiaria acordada o su cumplimiento en Centro Penitenciario.

Adviértase a la representación procesal del penado que a) Se procederá a dejar sin efecto la responsabilidad personal subsidiaria acordada si se produce el pago de la multa en su día impuesta; b) En el caso de optar por el cumplimiento de la responsabilidad personal subsidiaria referida mediante trabajos en beneficio de la comunidad, deberá personarse en compañía del penado en la oficina judicial al objeto de que éste manifieste con carácter previo su conformidad con la realización de los mismos y quedar citado si ello fuera posible ante los Servicios de Gestión de Penas y Medidas Alternativas".

E.- Con la petición dar cuenta a SSª para resolver si se decide sobre la petición por traslado previo al Ministerio Fiscal por escrito o se convoca comparecencia incidental.

22. Protocolo de remisión definitiva de penas de prisión suspendidas. especial consideración de suspensiones condicionadas al pago de la responsabilidad civil.

A.- Finalizado el periodo de suspensión, unir a las actuaciones hoja histórico penal actualizada.

B.- Si a resultas de la misma el penado ha cometido un delito durante el periodo de suspensión (fecha de comisión del delito que conste en la hoja histórico penal) y ha sido condenado por sentencia firme, pasar las actuaciones al Ministerio Fiscal para que informe sobre la revocación de la suspensión concedida.

C.- Si de la hoja histórico penal se deduce que no ha delinquido durante el periodo de suspensión y no quedó condicionado al pago de responsabilidad civil u otra condición, o si quedó condicionado pero se ha declarado judicialmente la insolvencia (total o parcial) del penado, pasar las actuaciones al Ministerio Fiscal para que informe sobre la remisión definitiva de la pena.

D.- Si de la hoja histórico penal se deduce que no ha delinquido durante el periodo de suspensión y quedó condicionada al cumplimiento de alguna medida del art 83/84 CP

a) Intentar comunicar con el penado para informarle de que ha terminado el periodo de suspensión y que puede revocársele la suspensión si no acredita el cumplimiento o causa justificativa que haya de valorarse. Si no se ha abonado la responsabilidad civil o los plazos a que se comprometió de acuerdo con el art 80 CP , poner providencia con el siguiente contenido: "Dada cuenta, visto el estado de las actuaciones y la hoja histórico penal actualizada del penado, no constando abonada la responsabilidad civil a la que el mismo en su día fue condenado, o los plazos xxxxx y habiendo quedado condicionada la suspensión de la ejecución de la pena de ..... de prisión a su pago, requiérase al penado a través de su representación procesal para que en un plazo improrrogable de cinco días abone dicha responsabilidad civil, o en su defecto, solicite del Juzgado que se declare la imposibilidad total o parcial de que el penado haga frente a dicha responsabilidad civil acreditando documentalmente este extremo, con la expresa advertencia de que sino lo verificare, tras la verificación de su solvencia, se podrá proceder la revocación de la suspensión u otra de las medidas previstas en dicho precepto.

b) Si contesta el penado ofreciendo pago fraccionado o pagando parte u otra incidencia similar, comentar con Magistrado. Si contesta pagando la totalidad, traslado al Ministerio Fiscal para informe sobre remisión definitiva. Si solicita la declaración de insolvencia, proceder como se explica en el apartado siguiente.

c) Transcurridos los cinco días sin contestación, tramitar pieza de responsabilidad civil hasta determinar solvencia o insolvencia. Con las siguientes alternativas:

1.- Si tiene algún bien de poco valor, comentar con el Magistrado para valorar el dictado de un auto de insolvencia parcial.

2.- Si no tiene bienes o recursos auto de insolvencia y traslado al Ministerio Fiscal para informe sobre remisión definitiva.

3.- Si tiene bienes o recursos, continuar la tramitación de la pieza de responsabilidad civil y dictar providencia convocando a audiencia con el siguiente contenido: "Dada cuenta, visto el estado de las actuaciones y de la situación de solvencia del penado, no habiéndose verificado el pago de la responsabilidad civil a la que fue condenado el penado y habiendo en su día quedado condicionada la suspensión de la pena de .... prisión al pago de dicha responsabilidad civil, convóquese al Ministerio Fiscal y demás partes personadas a audiencia a celebrar el próximo .... al objeto de decidir sobre la revocación de la suspensión concedida y el cumplimiento de la pena de prisión impuesta o en su caso sobre las demás alternativas establecidas en dicho precepto. Cítese al penado a través de su representación procesal para que comparezca si a su derecho lo estimase conveniente y quisiese hacer valer las circunstancias personales o de otra índole que entienda oportunas"

23. Protocolo para las autorizaciones de expulsión administrativa y petición de sustitución por expulsión en fase de ejecución

1) ACUSADOS: Se sigue el mismo trámite que hasta ahora, comparecencia del penado y su Letrado conforme al Reglamento de Extranjería, informe del Letrado de la defensa y traslado al MF. Pasa a SSª para dictado de auto autorizando o denegando la expulsión solicitada.

2) PENADOS CON SENTENCIA FIRME:

2.1.) Penados que aún no han extinguido la condena

2.1.1. Si fue condenado a penas privativas de libertad :providencia

Dada cuenta, vista la petición de autorización de expulsión del ciudadano extranjero ..... formulada por la Brigada Provincial de Extranjería, no procede pronunciarse sobre dicha autorización por cuanto de conformidad con lo previsto en el art. 57.7 a) de la Ley Orgánica 4/2000, de 11 de enero, sobre derechos y libertades de los extranjeros en España y su integración social, sólo cabe autorizar la expulsión de procesados e imputados (acusados), no de penados, y el referido ciudadano extranjero fue condenado en esta causa por sentencia firme de fecha..... a las penas de ....., encontrándose la misma pendiente de cumplimiento, y sólo cabría acordar la expulsión a instancias del Ministerio Fiscal y si concurrieran los requisitos previstos en el art. 89.5 en relación con el art. 89.1 Código Penal.

2.2.2.- Si fue condenado a penas no privativas de libertad

Dada cuenta, vista la petición de autorización de expulsión del ciudadano extranjero ..... formulada por la Brigada Provincial de Extranjería, no procede pronunciarse sobre dicha autorización por cuanto de conformidad con lo previsto en el art. 57.7 a) de la Ley Orgánica 4/2000, de 11 de enero, sobre derechos y libertades de los extranjeros en España y su integración social, sólo cabe autorizar la expulsión de procesados e imputados (acusados), no de penados, y el referido ciudadano extranjero fue condenado en esta causa por sentencia firme de fecha..... a las penas de ....., encontrándose la misma pendiente de cumplimiento, y sólo cabría acordar la expulsión a instancias del Ministerio Fiscal y si concurrieran los requisitos previstos en el art. 89.5 en relación con el art. 89.1 Código Penal.

En el presente caso no concurren dichos requisitos por cuanto el penado no fue condenado a penas privativas de libertad (fue condenado a la pena de trabajos en beneficio de la comunidad, privación del derecho a la tenencia y porte de armas, prohibición de aproximación y comunicación por tiempo de dos años, multa.....), por lo que no procede la sustitución por expulsión de las penas a las que fue condenado siquiera en fase de ejecución.

2.2) Penados que han extinguido condena.

Dada cuenta, vista la petición de autorización de expulsión del ciudadano extranjero ..... formulada por la Brigada Provincial de Extranjería, no procede pronunciarse sobre dicha autorización por cuanto de conformidad con lo previsto en el art. 57.7 a) de la Ley Orgánica 4/2000, de 11 de enero, sobre derechos y libertades de los extranjeros en España y su integración social, sólo cabe autorizar la expulsión de procesados e investigados (acusados), no de penados, siendo además que el referido ciudadano extranjero extinguió por cumplimiento las responsabilidades penales impuestas en la sentencia de la que dimana la presente ejecutoria.

3) ABSUELTOS CON SENTENCIA FIRME:

Dada cuenta, vista la petición de autorización de expulsión del ciudadano extranjero ..... formulada por la Brigada Provincial de Extranjería, no procede pronunciarse sobre dicha autorización por cuanto de conformidad con lo previsto en el art. 57.7 a) de la Ley Orgánica 4/2000, de 11 de enero, sobre derechos y libertades de los extranjeros en España y su integración social, sólo cabe autorizar la expulsión de procesados e investigados (acusados), no de penados, siendo además que el referido ciudadano extranjero fue absuelto en la sentencia de la que dimana la presente ejecutoria.

En los supuestos en los que Policía solicite directamente la expulsión con base en el art. 89 CP:

Dada cuenta, vista la petición formulada por la Brigada Provincial de Extranjería de sustitución por expulsión de la pena privativa de libertad impuesta a ...., dado que la misma no tiene condición de parte en el presente procedimiento, no ha lugar a pronunciarse sobre dicha petición, sin perjuicio de que pueda dirigirse al Ministerio Fiscal para éste solicite como parte en el procedimiento y de forma motivada la sustitución por expulsión en ejecución de sentencia con base en la nueva regulación del art. 89 dada por LO 5/2010.

V.   Bibliografía

CONSEJO GENERAL DEL PODER JUDICIAL, Guía para la practica de la mediación intrajudicial, Antonio Monserrat Quintana (Dir.), Revista del Poder Judicial, separata, Madrid, 1986

DE LA FUENTE HONRUBIA F., Plan integral de optimización procesal, Juzgado de lo Penal núm. 1 de Guadalajara, Premio a la calidad de la Justicia, CGPJ, 2014.

GIMENO BEVIÁ, J., La agilización de la justicia penal y el refuerzo de las garantías procesales en las últimas reformas de la LECRIM, Gabilex núm. 2, junio 2015, pp 105-129, Castilla la Mancha.

LOPEZ LOPEZ F. J., Sección 3ª, ejecución penal, Guía de Criterios homologados , Servicio Común Procesal de Ejecuciones de Murcia, en Guía de Criterios Homologados y optimización del Servicio Procesal de ejecución, Servicio Común procesal de ejecuciones de Murcia, versión 2.0, Ministerio de Justicia, Oficina Judicial, 2014.

MELERO BOSH L.V., La agilización del proceso penal y las garantías de defensa del imputado en la instrucción de los juicios rápidos, Servicio de publicaciones Universidad de La Laguna, 2006-2007.

VICENTE DE GREGORIO, M., Protocolo de actuación en fase de señalamiento y juicio oral, Juzgado de lo Penal núm. 3 de Toledo (sede Talavera de la Reina), 2018.